Ser Como El

Agua

Por

Charlie Fox

beinglikewater.com

ISBN: 978-0-9564997-8-3

Publicado por Charlie Fox

Visite mi sitio web www.beinglikewater.com

Primera impresión: Septiembre 2009

"Ninguno debería engañarse a sí mismo. Si alguno entre ustedes piensa que es sabio basado en los estándares de este mundo, debería convertirse en tonto de manera que pueda ser realmente sabio."

(1 Corintios 3 -: La Santa Biblia)

"…Sé como el agua amigo mío"

(Bruce Lee)

Contenido:

Página

4

Prólogo:

" Ser como el agua" Es esencialmente seis años valorados en reflexión en sueños, consideraciones, nociones y puntos de discusión los cuales eventualmente se desarrollaron y convergieron en algo mas holístico y directo.

El tema reinante en este libro habla de cómo el seguir el evangelio de Cristo es la forma más efectiva de adaptarse al mundo y eventos en su vida. Es un intento de explicar PORQUE funciona y por qué cambia la vida de la gente para bien día a día.

También coloca el sistema de creencias en un contexto más espiritual, amplio y contemporáneo.

He dividido este documento en capítulos, pero puede haber repeticiones e intersecciones de un capítulo al otro así dejo de alguna forma, al criterio del lector, el unir los puntos.

Da ligeros saltos y algunos temas entran desde el jardín izquierdo especialmente en la sección titulada como "El resto". He decidido dejarlas entrar por carácter y

debido al espíritu en el que fue escrito el libro.

Lo dedico

Al Padre

A mi hijo

A todas las personas en mi vida que son ustedes

Y para Helen.

Cristianismo De verdad

El Cristianismo de verdad es el cristianismo personal. Tú caminando con Cristo. No es religión organizada.

El poder del cristianismo no es inmediato ni auto-gratificante, es progresivo y otorga libertad personal.

El poder inmediato, e inmerecido el cual es auto-gratificante tiene un precio y nos abandona atados a los deseos de nuestro propio ego.

Mucha gente dice que no son capaces seguir a Cristo porque no pueden verlo.

Imaginemos por un momento que seguir a Cristo significa satisfacer todos nuestros deseos físicos

constantemente con cualquier persona que se nos antoje y toda moral se viera reducida a un asunto de elección personal.

Ahora, permitámonos decir que el materialismo es un sistema de creencias que promueve la monogamia y el perdón de nuestros enemigos. Ahora bien, si esto fuese cierto ¿Cuántas personas seguirían a Cristo? Seguir a Cristo es el camino más arduo y es por ello que la gente no lo sigue, no es porque no sean capaces de verlo.

El Cristianismo de verdad se enfoca en desarrollar el carácter y el espíritu a través de la capacidad de adaptarse y de no satisfacer los deseos del propio ego. Nos prepara para el siguiente mundo, y no te permite desperdiciarte a ti mismo en este.

Como hombre Jesús está muerto y se ha ido. Como Dios puedes SENTIRLO en tu espíritu si lo intentas.

Solo Dios es Dios, la Biblia es un libro ACERCA DE Dios.

El Cristianismo de verdad no es una trampa controladora de la mente, a pesar de que alguna gente pueda retorcerlo y usarlo de la forma en que aún algunas iglesias lo utilizan. Esto, tristemente, en la mente de muchas personas, destruye la validez del mensaje de Cristo.

Las escrituras quedan en segundo término al movimiento de hoy, en el que seguir a Cristo es guiar por medio del servicio a otros, no guiar por medio de intentar ejercer control sobre cómo piensan y sienten.

Dios utiliza a aquellos que tienen fe. Si tenemos fe, eso vuelve verdadera nuestra relación con Dios.

Se consciente de que la experiencia de mucha gente acerca de lo que es el Cristianismo ha sido coloreada y deteriorada por la iglesia. Los cimientos de la iglesia establecida han alejado a mucha gente de Cristo. El Cristianismo no es la iglesia. El Cristianismo no es más que una relación personal con Dios manifestada a través de nuestros actos, elecciones, plegarias y a través de las relaciones con otra gente. Es de naturaleza tanto interna como externa, como Dios es interno y externo por naturaleza. Esto quiere decir que las respuestas a nuestras plegarias pueden llegar tanto internamente como exteriormente.

La gente reconocerá a Dios cuando esté lista.

Ninguna cantidad de recordatorios agresivos, molestias o " hablar maravillas de la Biblia " les persuadirá de lo contrario y de hecho podría alejarlos. Podrías estar haciendo un perjuicio definitivo.

Darles una opción, demostrar los beneficios a través de nuestras propias acciones y permitirles ELEGIR.

No podemos hacer a alguien admitir sus propios pecados, deberán hacerlo por ellos mismos.

Elegir caminar con Dios debe ser una elección PERSONAL COMPLETA.

El gran reto del Cristianismo es saber qué hacer bajo nuestro propio poder y qué es lo que debemos dejar a Dios. Así pues debes tener fe en tí mismo así como en Dios.

La prueba de fuego de cualquier doctrina es cómo se comporta fuera de su propia institución.

El verdadero poder de Dios solo puede ser visto por aquellos que dejan el suyo a un lado.

Tal vez podemos hacer el bien a otros y no creer en Dios, pero ¿Podrías hacer el bien a ti mismo sin creer en Dios? (Si no conseguimos hacernos bien a nosotros mismos primero, ¿Cómo podrás hacerlo a los demás? Dios sostiene el camino perfecto para nuestra vida).

Jesús muriendo por pecados pasados es meramente simbólico, morir para demostrar aún más su valor eso es puro Cristianismo.

Es acerca del sacrificio del propio ego.

Pecar es transitar nuestro propio camino, no el de Dios.

Puesto que Dios conoce el camino perfecto de nuestra vida y el de los demás, si transitamos nuestro propio camino no podemos evitar lastimarnos y a otros a lo largo de éste. Intentar hacer la voluntad de dios limitará el daño que hagamos a nosotros mismos y a los demás.

Arrebatar el sacerdocio y el ministerio del Cristianismo de muchos de los países desarrollados y no desarrollados sería desastroso para los servicios sociales de esos países. El alcance del apoyo que estos dan no debe ser menospreciado.

Los cristianos lloran y se deprimen como cualquier otra persona. No significa que su fe no sirva, el resolver problemas personales y defectos suele ser progresivo pero el Cristianismo le otorga excesiva IMPORTANCIA.

La gente espiritual reconoce más que otros los beneficios y la forma de expresar libremente emociones negativas.

El Cristianismo se trata de contener nuestro juicio sobre otros, no acelerarlo.

Imagínate a Jesús como una versión perfeccionada de ti y no como una figura histórica remota. Si no tú, alguien de tu comunidad viviendo una vida similar a la tuya, seas hombre o mujer. Su cuerpo no era su espíritu. El es la inspiración a nuestra propia perfección.

Si no crees que Jesús es el hijo de Dios, toma el riesgo de vivir como él lo hizo durante un tiempo. Para cuando hayas visto los cambios positivos en ti mismo y sentido la paz entrar en tu vida bien podrás experimentarlo como la verdad.

Cuando hables de Cristo, nunca hables en términos de religión. Nunca uses figuras religiosas para dar discursos porque asustarán, excluirán y confundirán al alma buscadora de la verdad. Habla con simpleza, tolerancia y destreza, como él lo hizo.

El mensaje de Cristo fue de amor, pero con responsabilidad. El amor de verdad es responsable.

La adoración nunca es abusiva hacia otros, o hacia Dios. Si vives tu vida de acuerdo al plan de Dios e influenciado por el evangelio de Jesús, ese es un acto de adoración que nunca puede ser abusivo hacia otros o hacia Dios.

Seguir a Cristo nos revela el mundo y nosotros nos revelamos al mundo despojados de nuestras ilusiones o poder personal.

Dios usa situaciones que NOSOTROS mismos conseguimos para enseñarnos lecciones que necesitamos.

El Cristianismo es el arte de hacer las menos egoístas, y frecuentemente, las más difíciles elecciones ante cualquier situación que se presente.

El Cristianismo es una toma constante y temeraria de auto reinventarse, analizarse y realizar cambios. No existe el quedarse quieto tal como el mundo no se queda quieto.

Para ser un cristiano efectivo, emocional y mentalmente, debemos ser constantemente adaptables." Ser como el agua".

El Cristianismo es un espejo. Refleja la violencia,
injusticia e iniquidad sobre perpetradores de mente
normal a través de una no reacción y un justo estado
de culpa de la víctima. Esta es una de las grandes
lecciones de la crucifixión.

Tal desplante de auto sacrificio del poder y falta de
represalias del menos pecador, perfecto y aún
poderoso ser en el universo automáticamente
convierte a los culpables en su propia mente por
medio de la comparación (CONVENCIMIENTO
del ser por medio

de exhibir un ejemplo positivo y utilizar una política
de no- condena-permitiendo al mal tomar su curso

hacia su inútil y decrépito final).

Observa la sabiduría inherente en un sistema. La gente ha dejado de ver hacia el cristianismo debido al problema de "masculino y femenino" que Dios es visto como hombre, que Jesús fue hombre y debido a los roles masculinos asumidos por la iglesia. Esto ha sido tomado por el paganismo como un medio de conversión a través de dar poder excesivo a lo femenino.

Esto es un problema secundario, la vida y enseñanzas de Jesús aplican a todos nosotros, ya seas

hombre o mujer , y los aspectos de género y poder son una distracción de ello. Observemos la vida de Jesús primero, y entonces detengámonos a mirar las circunstancias en las cuales tomó lugar.

El camino de Cristo conlleva el cambio en la vida de uno. Dejando atrás lo que es equivocado y dañino ,sin permitirle a uno el continuar realizando tales cosas negativas al ofrecer una forma nueva de ver las cosas-como las religiones orientales lo hacen.

El cristianismo te demuele y entonces te reconstruye como un nuevo ser continuamente mejorándote y purificándote.

Las religiones orientales te permiten quedarte igual al ofrecer una nueva perspectiva, así pueden dejar las acciones erróneas permanecer.

El cristianismo ofrece un grandioso acuerdo de trabajo duro.

El cristianismo es la religión más efectiva del mundo pues te hace cambiar y adaptar constantemente. A través de unificar el alinearte a elegir la voluntad de Dios por medio de la oración.

El cristianismo contemporáneo se encuentra basado en un convenio sagrado de culpa. En cambio debería exaltar la virtud en lugar de castigar la transgresión puesto que es una manera más efectiva de enseñanza que crear seguidores paralizados por una forma

literalmente glorificada de entrenamiento de
aversión.

La iglesia no es REPRESENTANTE de Cristo; más
bien es un grupo de gente que desean EMULAR a
Cristo rodeados por una estructura HUMANA de
poder la cual como todas las estructuras de poder se
encuentra abierta al abuso.

Inversamente Jesús enseñó amor y adaptación
mientras que con demasiada frecuencia la iglesia en
el nombre de Cristo ha enseñado temor y control. Por
lo tanto la iglesia no debería de ser confundida con
Cristo y la iglesia no debería ser confundida con la
gente falible dentro de ella.

La iglesia es por lo tanto la organización sin rostro de individuos deseando emular a Cristo. Culpar a los individuos por los crímenes de la iglesia es falaz. La iglesia es el arma no la persona tirando del gatillo, así es el peligro de la religión organizada.

Entonces se transforma en politizada y en un movimiento de poder terrenal más que en una manifestación del reino (movimiento espiritual). Para evitarlo, la iglesia debería ser representante de individuos que respondan a su propia fe y a su relación directa y personal con Dios solamente, no a un grupo organizado bajo una estructura de poder de sacerdotes, ministros, obispos y varios" hombres intermediarios religiosamente ungidos".

¿Cualquier individuo que ha sido reconocido en el grupo como poseedor de cualidades de liderazgo debería ser nombrado "consejero/mediador"? Y no adjudicado a un puesto oficial. Si él naturalmente ocupa ese sitio siempre será reconocido de todas formas, el liderazgo debería ser orgánico y de título incidental como resultado del rol ya desempeñado.

Siempre recordemos, Cristo se trata de guiar a través del servicio a otros.

No permitas a una iglesia estancar tu espíritu, se tú una iglesia.

Opiniones sobre la Crucifixión

No trates de crear miedo y esclavitud de un mensaje de libertad y emancipación.

¿Puedes perdonarte a ti mismo por herirte tú mismo?
¿O solamente Dios puede como tu creador?

Dios desea ser el recipiente del peso de tus pecados. Cada vez que nos herimos a nosotros mismos a través de nuestras propias acciones, y la culpa por herir a otros, nosotros cargamos con ello. El perdón de nosotros mismos nos puede liberar de esto. La crucifixión es para hacernos conscientes de nuestros propios pecados. Nos dice que el mismo Dios nos entiende y llevará ese peso por nosotros, si se lo damos a él al reconocer que Cristo se sacrificó a sí mismo en la cruz, el ser perfecto para exponer nuestra imperfección y por comparación ver cuán imperfecta es nuestra vida. Jesús murió para hacernos ver esto. Para que tuviéramos una medida, para comparar nuestra vida con la suya.¿ Qué tan difícil es para un padre amoroso educar a sus hijos errantes quienes están lastimándose a sí mismos y al padre ? ¿Cómo se les enseña sino por consecuencias, mas dejándoles cometer sus propios errores? Así fueron dejados los romanos por Dios asesinar a Jesús.

¿Cómo enseñar a un millón? ¿A un billón?

Frecuentemente no sabemos por qué nos herimos a nosotros mismos y a otros. No nos encontramos fuera de nosotros mismos así que no podemos ser objetivos. Dios se encuentra fuera y dentro de nosotros así que nos conoce y tomará el doloroso peso de nuestras elecciones equivocadas si lo permitimos.

Como en Alcohólicos Anónimos donde ellos "lo entregan a Dios" simplemente hazlo extensivo a incluir cualquier tendencia negativa en tu vida que conozcas que necesite arreglo. Finalmente te lo debes a ti mismo, a nadie más. Debes reconocer estas cosas como hacer algo malo, si persistes en hacerlas, no puedes ser ayudado.

Sabemos el principio de permitir a la gente cometer sus propios errores, para aprender. Dios permitió que Jesús fuera crucificado para permitir al mundo aprender de su error al asesinar al bien final en lugar del mal final, reconocer su propia iniquidad.

No deberíamos ver nuestros caminos perfectos ser crucificados por el bien del mundo.

El pecado perpetuo contra el propio ser y el de otros termina con la destrucción de la vida de uno.

No ser esclavizadoramente controlado por los deseos de este mundo, ser dinámicamente y brillantemente conducidos a mejorarlo.

La crucifixión muestra las consecuencias de la iniquidad humana. No tenemos que llegar ahí. Representa la muerte de los valores eternos por medio de de una destrucción de corto plazo de violencia y la resurrección de ellos por medio de creatividad –perdón a largo plazo.

Dios es un dios benefactor y un padre amoroso, no un infantil fenómeno inductor de temor y control . La crucifixión es una demostración de cómo la iniquidad y

 el pecado no funcionan . La historia de Judas Iscariote y su ignominiosa caída en su propio ego y consecuente suicidio prueban esto.

El vender algo tan perfecto como el amor y la verdad por bienestar materiales es una negación del mensaje de Cristo y su propósito en la tierra.

Por sobre todo, la crucifixión y la resurrección fueron el acto de amor final y como conquista y destruye el pecado. No fue una jugarreta para hacer esclavos de la humanidad. Fue para demostrarnos los principios de una vida exitosa.

No es como si Dios quisiera imponernos un plan que está equivocado y nos hará infelices. Cuando pecamos, o nos alejamos de su camino, nos estamos hiriendo a

nosotros mismos principalmente. Mucha gente parece tener que llevar el pecado tan lejos como pueden para encontrar la felicidad.

Nunca los encuentran por los deseos de su ego y los llevan hacia una empinada y viciosa espiral de insatisfacción.

Porque no pueden ver fuera de sí mismos esos deseos no pueden ver una imagen más amplia. Tan pronto como empezamos a pecar añoramos encontrar de nuevo el camino perfecto. Nosotros mismos en relación con la verdad.

A pesar de que los niños son inocentes y exploradores durante los primeros años de vida llega el momento de su primera decisión MORAL cuando son completamente capaces de reconocer el bien del mal. Así, pasado este punto, un niño puede ya transitar su propio camino.

Si necesitas ser más egoísta, Dios te enseñará a hacerlo también. Algunas personas olvidan como cuidar de sí mismas en la vida. Dios está a favor del BALANCE perfecto en nosotros.

El arrepentimiento es simplemente saber que hicimos lo incorrecto y admitirlo. Proclamarlo fuerte, en cualquier pequeña forma, a Dios y al mundo. Esto lo hace real y completo, mejor que solo un pensamiento.

Jesús fue asesinado por el hombre porque era perfecto. Encontrar perfección puede producir inspiración y amor o frustración, enojo y odio.

Gracia

Extender la gracia a los demás te permite separarte
de los deseos (corto plazo) materiales y extender tu
apreciación de los valores (largo plazo) espirituales
al adentrarte más en el reino de Dios y lejos del ego.

Cuando tienes la gracia de pedir bendiciones para
alguien más esto te aparta de los deseos de tu propio
ego.

El ego desea poder inmediato. Dominación de la
personalidad sobre las circunstancias y ambiente y
relación. La exaltación del ser.

El mundo material (dinero, posesiones, falso poder) provee esto. Le permite al hombre adaptar su ambiente a él pero no desarrolla la técnica de adaptación al medio ambiente necesaria para el carácter espiritual. Que es:

Apreciación de valores, no cosas- gente (personalidades), no poder.

El sobre materialismo detiene el crecimiento espiritual por medio de la conveniencia y estancamiento en la comodidad (no esfuerzo) y produce un estado de tedio.

En lugar de "malo" o "bueno" piensa en –" no del reino" y "del reino". "Malo" y "bueno" son subjetivos y no toman en cuenta los beneficios de forjar el carácter y la apreciación de los valores espirituales (largo plazo)

que pueden acumularse por medio de adaptarse y avanzar en los obstáculos pasados de la vida.

Así que no es que "cosas buenas le suceden a la gente buena" solamente "cosas le suceden a la gente". Como lidien con ellos es el problema.

La gente materialmente orientada es más probable a no ser bendecida internamente, pues carecen de visión de paciencia y perspicacia para aprender las lecciones de carácter de un evento difícil en sus vidas, aunque tal evento puede traer una conciencia repentina y apreciación de los valores espirituales. Aún si intentan solucionar el problema por medio de más elecciones de corto plazo y medidas inmediatas (alcohol, drogas, sexo, despilfarros, adicciones) a expensas de estos valores fallarán.

Frecuentemente no puedes ver lo bueno que le ha pasado a la gente en la vida. No puedes inicialmente ver los frutos del espíritu que vienen de aprender y soportar tribulaciones como son más paciencia, más fe, y más capacidad para amar en la misma forma en que puedes ver una casa nueva, más dinero, más tiempo

de ocio, ropa cara y bienes lujosos que confieren estatus en el mundo material.

Cuando la gente dice que cosas buenas solamente le suceden a gente mala se están refiriendo generalmente solo a aquellas cosas que son inmediatamente obvias.

Solo cosas buenas le suceden a cualquiera si aprenden de ellas. Lo bueno es la reacción. Por lo tanto lo bueno solo fluye de lo malo si lo permites.

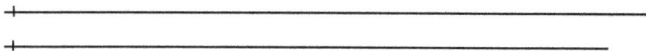

"Karma"

Existe una diferencia entre causa y efecto y el karma, (siendo esto la creencia de reencarnación) muy diferente, en el karma de verdad, no existe el perdón, tus pecados se verán reflejados en la forma de tu próxima vida.

El concepto de karma es falso puesto que no hay aprendizaje en cometer un error que no puedes recordar de una vida previa.

No hay redención o corregir el error como resultado de estas condiciones.

Nadie puede decirte cuales fueron esos pecados, a pesar de que para abusar de su poder algunos sacerdotes de los sistemas de creencia del karma

pudieran intentar hacerlo.

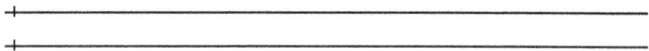

Elecciones a corto/largo plazo

Los valores a corto plazo son para mantenimiento de una situación inmediata solamente pero esto es muy necesario. Ignorar tus necesidades de corto plazo es tan malo como ignorar las de largo plazo. De cualquier manera, no sacrifiques tus metas de carácter a largo plazo como resultado.

—————————————————————————

La violencia es de corto plazo y destructiva. El perdón es de largo plazo y creativo.

—————————————————————————

El mal no es de miras largas, lidia solo a corto plazo, no promueve el cambio personal sino el cambiar el ambiente en su lugar así que otra vez sin adaptación.

Mantiene la visión del mundo fija en el corto plazo por medio de las promesas constantes de los medios y los anuncios de las industrias para hacer la vida mejor por medio de productos materiales y servicios en sociedad con los deseos del ego para dar la ilusión de control de sus vidas para mucha gente. Pero si les quitas sus posesiones no pueden hacerle frente pues no poseen apreciación del SER , están siempre proyectándolo en COSAS. Esto no es el reino de Dios el cual es un constante aprendizaje, adaptarse al cambio y apreciación y fomento de valores tales como la paciencia, la tolerancia, el perdón.

El buscar placeres de corto plazo es acerca de manipular las reacciones químicas del cerebro las cuales son decididamente materiales, de adrenalina, y serotonina, endorfinas, de drogas, de sexo casual,

deportes extremos y tomar riesgos, robar, algunas

formas de anti- autoritarismo. Todos los excesos de

corto plazo nunca se balancean apropiadamente y se

convierten en adictivos. Cuerpo, no espíritu

enfocado.

Las religiones y sistemas de creencias que

promueven influenciar sobre el medio ambiente y la

ley de la atracción y rechazar a Dios, de hecho

alentando a cada uno de nosotros a ser nuestro propio

Dios, te disminuyen aunque lo que sea que deseas

atraer sea bueno en ese punto de tu vida, existe el

peligro de que el ego tome el control y desees

solamente satisfacciones de corto plazo como el

poder, sexo y dinero. Dios te da cosas cuando

prueban ser buenas para ti y para tu vida y estás listo

para ellas. Conocemos el inicio de algo pero Dios

también conoce el final. Si utilizas la ley de la

atracción en conjunto con la oración y por medio de

Dios para manifestar cosas en tu vida, siempre

recibirás lo que es óptimo para ti, simplemente lo

que necesitas, nada más y nada menos.

Los beneficios en las elecciones de largo plazo

/espirituales rompen las cadenas de la depresión a

pesar de que la tendencia al estar en ella es reforzar

el círculo vicioso, y de probar hacerle frente por

medio de elecciones de corto plazo como alcohol/

sexo casual/ drogas/ crimen etc.

Las soluciones a corto plazo son frecuentemente

malvadas en naturaleza y son en su mayoría nacidas

de la evasiva al cambio y crecimiento. (Las

soluciones a corto plazo son materiales y no de

naturaleza espiritual).

El materialismo y las soluciones de corto plazo, pro-

consumismo, la sociedad aísla a el individuo y a las

masas para controlarlos. Para enfrentar a el "

sistema" , las comunidades pequeñas deben ser

conservadas.

Las cosas, deseos y necesidades a ser satisfechas y

habilidades vendrán a su propio tiempo y cuando

estés listo para ellas, no intentes forzarlas ni fingir

estar listo para ellas cuando no lo estás, no puedes

adelantar la madurez en ti mismo.

Vivir para el momento es algo bueno; vivir para el

momento a expensar de futuro no lo es.

Las soluciones a largo plazo son generalmente de

naturaleza más espiritual.

Las soluciones a corto plazo son simplemente eso -

de corta duración, y el intentar usarlas como

soluciones de largo plazo es como mirar al niño con

su dedo en el agujero como una solución permanente

al problema.

Las soluciones a corto plazo pueden también cultivar adicciones y conductas adictivas así como fomentar la evasión al cambio.

Convertirte en Cristiano te eleva de tal manera que ya no eres llevado de la Ceca a la Meca, es como el caso de la liebre y la tortuga, los Cristianos no se arriesgan tanto a dañarse a ellos mismos.   Un camino sagrado también ilumina y delinea aún más las divisiones entre lo que Dios desea y lo que tú deseas. Aunque la mente es menos presa de esta abstinencia de estímulo y tentación el cuerpo no es tan fuerte y puede tomarse un tiempo para ponerse al nivel.

Moral

La moral verdadera consistentemente correcta yace solamente en la voluntad del Padre.

La consideración consciente de los conceptos relativamente humanos de lo bueno y lo malvado requiere mucho esfuerzo y resulta en una especie de mentalidad doble.

En lugar de eso busca la voluntad del Padre, la voz de Dios residiendo con tu espíritu el cual conlleva el camino perfecto para tu vida así como la decisión moral perfecta para cada situación.

La mente espiritual no debe entonces tornarse a discernir lo bueno y lo malvado lo cual es relativamente una distracción.

Debe (la mente) batallar solamente con las estimulaciones del mundo, y las necesidades electro químicas del cuerpo para alcanzar discernimiento de la pequeña voz del espíritu eterno dentro de ella.

Dadas las circunstancias correctas, cualquiera se puede volver lo que sea, no juzgues ni hagas de humanos con experiencias dañinas unos monstruos. La experiencia que dañó es el monstruo. El rango de la experiencia humana es muy amplio, ayudar a normalizar experiencias monstruosas ayuda a matar al monstruo y humaniza al que lo sufre.

El sistema de chacras está directamente unido a la mente y a la elección moral.

Las elecciones materiales enfatizan el cuerpo material y el mundo, así como a los chacras bajos, y detienen el alza progresiva y natural de la energía por medio del sistema de chacras del cuerpo el cual es la manifestación energética del logro espiritual y la decisión moral-desarrollo espiritual. Esto no puede ser afectado de ninguna otra manera-forzado- sin causar enfermedad y desbalance en el carácter, comportamiento o cuerpo.

Para ello la auto gratificación puramente voluntariosa e inmoral y finalmente elecciones que atrasan el ser atrofiarán, moldearán y posiblemente distorsionarán el crecimiento espiritual.

La única manera de en verdad darle poder al propio ser es por medio del adecuado uso y desarrollo de tu moral y virtudes. Esa es la única forma de ser bello, no a través de alguna identidad genética al azar como la raza y clase social percibida.

Oración

Ora por valores, no cosas, ora por resistencia, fuerza, paciencia, templanza, amabilidad y amor. Dios es un espíritu con mentalidad propia y desea que tú conquistes el mundo material con tu espíritu así que él te ayudará. Si en verdad necesitas objetos materiales para ayudarte a hacerlo, te los otorgará también. Dios es muy consciente de las necesidades pero no es alguien que concederá lujos innecesarios que solamente fomentan lasitud y pereza y por lo tanto detener el crecimiento espiritual.

El desarrollo espiritual es un proceso gradual, no esperes llegar a él de inmediato, cada uno de nosotros tenemos tendencias básicas comportamientos potencialmente adictivos en que trabajar.

Las palabras clave aquí son paciencia y estabilidad. Resistencia apasionada.

Jesús permaneció mucho tiempo en el desierto para poder encontrar la voluntad del Padre.

No seas impaciente contigo mismo. Todos y cada uno de tus esfuerzos sinceros por discernir la voluntad del Padre serán respondidos, y cada vez más claramente, siempre y cuando doblegues tu voluntad a lograrlo.

La voz humana es una herramienta poderosa. Creativa. Creamos situaciones en nuestras vidas con ella. Sostiene nuestras intenciones y el mundo es sensible a ello así que debemos ser cuidadosos con lo que decimos.

Esta es una de las razones por las que debemos hablar con Dios en privado. A él podemos decirle lo que sea.

La confesión también juega un papel. Un problema compartido sinceramente es en verdad un problema dividido. Los problemas que se dejan solo en la mente pueden ser magnificados fuera de toda proporción, no tienen salida. Liberarlos hacia otros les da un contexto adecuado y permite a la mente fluir y reaccionar externamente con el mundo de nuevo.

Estar vivo y en armonía con el presente, no atorado en el pasado. Aunque solamente Dios puede dar la absolución. No un hombre.

Reflectividad/ Adaptarse

Puesto que somos seres reflectores , solo podemos escondernos de nuestro dolor hasta que este es refleja - do hacia nosotros por alguien más de quien parte nuestro deseo de estar aislados, es pura evasión. La mente humana es un espejo, y nuestros ojos son las ventanas.

Como el agua refleja el mundo al revés, intenta renunciar a lo que deseas, intentando ceder al poder en lugar de oponerte. Esta filosofía de una reacción opuesta a lo que podría ser tu reacción inmediata es un muy buen ejercicio espiritual.

Hacer lo opuesto solamente se aplica al tratar con personas. Suprimir la reacción primaria y reforzar la que es de elección espiritual. En el mundo físico, la causa y el efecto son de naturaleza positiva, arrojas una piedra y vuela por los aires, la ciencia gobierna nuestro mundo físico. De esta manera puede ser controlado y manipulado el mundo. Cuando lidiamos con gente este proceso es más o menos revertido, no puedes forzar a nadie a encarecidamente hacer lo que es tu voluntad, ellos querrán hacer lo opuesto a lo que ordenes, como un niño cuando le dicen una y otra vez que no puede hacer algo, que está prohibido.

Esto es el ENFASIS equivocado, y es un intento de negarles su elección y libre albedrío. Incluso el mismo Dios no nos roba nuestro libre albedrío, porque nos ama, así que no debemos intentar robarles a otros el suyo, sin importar qué tan preocupados estemos por ellos.

Enfatiza las mejores elecciones a la gente. Déjales elegir.

El hombre enfermo que vaga por las calles necesita de la gente, no de filosofía fría. Para exponer problemas debido a las leyes del reflejo necesitamos de otros para reflejarnos y así conocernos a nosotros mismos. La falta de otros nos lleva a no tener conocimiento del ser y así no percibir la pérdida del ser (locura).

"¿Puede una roca volverse suave por sí misma?

La asociación característica de las mentes con mentes parecidas y diferentes causa una mayor capacidad en la personalidad de adaptación, compromiso y amar por medio de la comprensión. Como la piedra hecha suave por medio de la constante erosión causada por el roce con otras (de varios tamaños y dureza) en el océano la cual alcanza su forma óptima para funcionar dentro del grupo sin sufrir más daño.

———————————————————————

Un buen maestro es un reflejante, un espejo, todos aprendemos acerca de nosotros mismos a través de un reflejo de otros.

———————————————————————

Adaptación y alineación por medio de aceptación es sanación.

Una negativa a adaptarse y al cambio es de naturaleza malvada así como tal actitud es un intento por permanecer igual y cambiar al mundo a tus propios deseos en lugar de adaptarse a los eventos que no puedes cambiar y CRECER al sobreponerte a ellos. Pone de manifiesto un amor insano del propio poder y la incapacidad para vivir dentro de límites.

El agua lo hace todo de una vez. Si lo haces todo de una vez no haces más que convertirlo en una posibilidad de todo. Es un estado de disponibilidad.

Disponibilidad a adaptarse.

Todos nos reflejamos uno al otro así que necesitamos de los demás para definirnos a nosotros mismos.

El matrimonio es un ejercicio supremo de adaptación, aprender a comprometerse y avanzar con alguien más como si fueran uno. Por medio de llegar a conocer a alguien más en un nivel tan íntimo, puedes llegar a conocerte a ti mismo. El matrimonio también explora los roles masculino y femenino y sus diferencias y los balancea al exterior en la relación con el esposo y también dentro de ti mismo.

La manera de ser feliz es reconocer la felicidad en el momento presente no solo por retrospectiva o como un deseo para el futuro. La felicidad yace en lidiar apropiadamente con lo que se te presenta. Si lidias con ello bien, puedes ser feliz. Si no lo haces, no puedes.

Énfasis

El enfatizar es una herramienta para la propia mejora y erradicación de rasgos inservibles o insanos. Enfatizar lo bueno en otros y lo bueno en uno mismo. Enfatizar lo bueno de uno al otro; el mundo es un espejo que refleja lo que desees poner en él. Cuando la propia imagen es pues mejorada también lo es su auto dignidad y su consecuente validez de carácter.

Cuando enfatizas lo bueno en lugar de condenar lo malo, como en la crianza efectiva de un niño o en cualquier forma de alimentar el carácter, eventualmente, lo bueno desalojará a lo malo.

Política y espiritualidad

Los valores políticos cambian para ajustarse a cada situación pero los valores espirituales son permanentes e inamovibles.

La corrección política depende del deseo de agradar. Hace a la gente atemorizarse de exponer sus verdaderos sentimientos y explorar la verdad. Si las opiniones verdaderas no son expresadas, entonces no puede haber progreso alguno. Debería tratarse de NO JUZGAR.

Una instancia política no debería ser también religiosa. La política es una dinámica grupal, no individual, y las creencias individuales son religiosas por naturaleza.

Un teorema diseñado para un grupo no funcionará necesariamente en el individuo. Las consideraciones son enteramente diferentes.

La política es en primer lugar para un grupo y para el individuo en segundo lugar.

La espiritualidad/ religión personal es en primer lugar individual, para un grupo en segundo lugar.

El plural no es el singular.

El liberalismo es un concepto político aplicado al grupo como una actitud de tolerancia es plausible pero cuando es aplicado a la moral personal es peligroso. No cuenta con los sentimientos. Los sentimientos se desarrollan naturalmente en las relaciones.

Se conservador en actitud hacia tus propias relaciones, liberal (sin juzgar) hacia otras personas.

Puesto que el movimiento republicano en los E.E.U.U. está tan fuertemente alineado con el Cristianismo (fundamental), el movimiento opuesto democrático está entonces poblado por más tipos liberales que no abrazarán el establecimiento híper-religioso de los republicanos y así por vía del liberalismo llegan otras filosofías. Nueva era, paganismo, seudo - Induísmo , Budismo, religiones orientales y el ocultismo. Por lo tanto el riesgo está en que la iglesia y el estado están tan cercanamente alineados en un partido político que todos los miembros del otro por definición política pueden ser persuadidos o forzados en otros caminos espirituales.

Esto entonces prueba que la política y la religión no pueden coexistir en paz o mejor aún no deberían ser conjuntadas de ésta manera.

La polarización de la sociedad estadounidense nunca se resolverá hasta que sean vistas como entidades separadas.

Una cosa es la autoridad grupal para la gente y otra un asunto de experiencia personal, como lo es la religión de verdad.

La tradición religiosa es frecuentemente más política que espiritual.

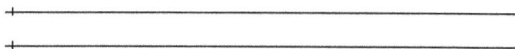

Ateísmo

Al mirar el discurso de la creación y evolución recuerda que el punto es hacia dónde vamos, no de dónde venimos. ¿Cómo está evolucionando nuestra mente ahora, nuestra consciencia? Discutir sobre simios y monos y Adán y Eva es un punto vago y en verdad una mera distracción. No afecta de verdad el AHORA. En ninguna forma denigra o invalida la vida de Jesucristo como un ejemplo para inspirar a toda la humanidad. La vida de Jesucristo y su filiación con Dios es un asunto completamente diferente. Ir en círculos hablando de dinosaurios no te va a ayudar a amar a tu prójimo. Dawkins (el conocido ateo británico) debe recordar su intención. No puede desaprobar a dios al desaprobar la interpretación bíblica de la creación. No se refiere a

la diferencia entre el cuerpo, la mente y el espíritu ni
la capacidad para la espiritualidad.

Solamente se refiere a la religión humana.

Si él desaprueba a Dios a los ojos de algunos
creyentes, ¿con qué lo va a reemplazar? El
Cristianismo te vacía y te llena de nuevo con algo
más grande de lo que pudiste creer posible. ¿Con qué
te llenará Dawkins después? Sin Dios solamente
queda el ego.

Pero la libertad del ego no es libertad en absoluto. Es
Una trampa de estancamiento.

La libertad del ego rápidamente se desintegra en
inadaptación al ambiente y en elecciones de corto
plazo para desarrollar niveles de poder obvio y en un

nivel más obvio todavía, conductas adictivas las cuales rápidamente no pueden ser satisfechas y así le sigue un estado de tedio aún sin avance espiritual, sin retos, sin pruebas de carácter.

Un marco de comportamiento moral, un objetivo de perfección, el reconocimiento de la VERDAD (Dios) son necesarios para prevenir esto. Solo existe la libertad de verdad dentro de unos límites.

Somos y no somos animales, razonamos, simpatizamos, resonamos con la verdad, adoramos, hacemos elecciones sentidas.

El Ateísmo no responde a la razón por la cual tenemos tendencias espirituales. Solamente busca negarla.

En su mayoría la ciencia es lo que ha sido probado ser tangiblemente verdadero, nada más. No puede medir lo que NO ha sido aún medido. De hecho, muchas técnicas aún están por ser descubiertas si la ciencia es como es su propósito ser verdadera-que es la verdad.

(La ciencia teórica es concerniente a percepciones académicas y extrapolar hechos ya descubiertos).

La ciencia es utilizada por ateos como un arma, y aún así solo les es prestada a ellos. Los ateos no poseen a la ciencia, las teorías Darwinianas no les pertenecen, y es irónico por supuesto que el Ateísmo por sí mismo es una religión la cual se ha definido a sí misma como a la sombra y rechazo de otro mundo de religiones monoteístas. Es la falta de ellos les debe su existencia misma y ha secuestrado la ciencia Darwiniana como su propia escritura sagrada en una oferta de conversión.

El motivo oculto del Ateísmo es forzar e introducir un punto de vista de la iglesia el cual es extremo. Crear una brecha que permita al punto de vista ateo absorber y ocupar el territorio razonable de en medio. Es por ello que utilizan a la ciencia como una herramienta. La ciencia es mayormente razonable, y así es vista.

En donde termina la ciencia y comienza el ateísmo se encuentra la opinión. La ciencia es una técnica que puede ser utilizada por cualquiera. El ateísmo no posee a la ciencia; esta no le pertenece a ellos.

El hombre necesita aspiraciones, mirar hacia arriba y hacia adelante, el ateísmo quizás sólo se distrae a sí mismo con destrucción mientras que no le dedica un instante a lo que pasaría si en verdad eliminaran la creencia en un ser superior. La peor forma de terrorismo. El Ateísmo ha olvidado su más seria consideración -si logra quitar el concepto de Dios del mundo, ¿qué le estará quitando a la humanidad? Y entonces ¿qué tomará su lugar? Dentro de la religión está la búsqueda de entendimiento y nuestro propósito.

La ciencia está preocupada con el pasado, lo que ha sido físicamente probado. A pesar de la física teórica cuántica, las preguntas más espirituales como el asiento donde descansa nuestra conciencia no han sido respondidas, pues ellas yacen en el dominio espiritual.

La vida no ha sido CREADA, solo copiada, CLONADA usando las leyes de la naturaleza existentes, nunca ORIGINADA por la ciencia. La ciencia no puede CREAR estas leyes, solamente puede ATENERSE a ellas y MEDIRLAS.

Dios está más allá de las asociaciones humanas. La lógica es una construcción de la mente humana, nacida de una existencia temporal lineal y basada en referencia.

¿Qué aprendemos?

¿Cuál es el propósito?

Nuestros cuerpos envejecen y decaen pero nuestro carácter crece y progresa a través de nuestras decisiones y actos, si no hay vida después de la muerte ¿Por qué sucede esto?

¿Almas animales? ¿Tienen alma los animales? ¿Criterio?

¿Toman decisiones morales?/ ¿Elecciones? O son puramente de instinto-de hambre-de miedo.

"¿Por qué hay tanto sufrimiento en el mundo si existe un Dios?"

Si fuéramos solo puramente todos solo seres biológicamente materiales no nos importaría y estaríamos complacidos de nuestras ventajas consecuentes sobre otros de nuestra especie muriendo.

El ateísmo continuará intentando probar la verdad por sí mismo, pero como solamente Dios puede probar la verdad, como la fuente constante de ella, no podrá ser nunca hecho, solo por medio de la fe, y por sentimientos por medio de la experiencia.

Sentimientos, emociones, fe y reconocimiento de la verdad no pueden ser cuantificadas meramente por el frío intelecto.

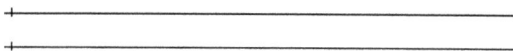

Lo Oculto

La gente intentando controlar el ambiente y a otra
gente por medio de técnicas psicológicas y ocultas
no pueden siquiera imaginar el efecto total de lo que
están intentando causar, especialmente al jugar con
las voluntades de otros. Es peligroso. El controlador
se encuentra tan atado como la persona que está
siendo controlada. De hecho doblemente ya que aún
debe controlarse a sí mismo.

El ocultismo no es peligroso por sí mismo, solamente
en la forma de uso, ya que la tendencia parece ser
siempre dejar que el ego tome el control y
rápidamente el "estudiante" de ocultismo tiende
típicamente a cambiar su ambiente y hasta a la gente

para ajustarse a sus propios deseos en lugar de aprender a adaptarse a ellos. Esta es la trampa.

La "magia blanca" no tiene que existir para oponerse a la negra. Los "magos negros" pronto caerán en las consecuencias de su propia intromisión si son dejados seguir su curso.

La magia se trata de manipulación psicológica /programación neuro-lingüística, propósito y creencia en nombre del recipiente-víctima y practicante pero el poder personal final solamente puede llegar por medio de una relación y alianza adjunta correcta con Dios como el poder final en el universo.

No todo el poder trata de parecer poderoso. El ser obviamente poderoso generalmente es oscuro y dirigido por el ego . El poder de verdad no es inmediatamente obvio. (El malvado es superficial).

Los objetos no contienen poder; pueden solo parecerlo a las mentes crédulas y débiles. Desde fetiches mágicos utilizados en trucos de magia, hasta el automóvil más nuevo, el sofá más moderno, intentan conferir estatus por medio de la ilusión de éxito material.

El ocultismo oscuro está finalmente utilizando todo tu poder para crear una red de influencia la cual finalmente debe ser protegida y mantenida (por medio de esfuerzo mental y psicológico) constantemente como si se tratara de una extremidad de más. El control y el propósito hacen peligrosa la exteriorización de este tipo de poder.

No existe sistema científico, hechizo, proceso de pensamiento o manipulación de energías el cual no haya sido diseñado por Dios como parte de su creación. Por lo tanto solamente existe un atajo para alcanzar el poder personal máximo en el universo y ese es comprometerse con la voluntad de Dios y llevar a cabo tu vida de acuerdo a su plan. El es la fuente de todo.

El conocimiento disponible jerárquicamente es manipulativo y abierto al abuso, la adquisición de conocimiento es controlada por el nivel propio de sabiduría de la persona y es saludablemente selectiva hacia esa persona de todas formas, así que el conocimiento restringido está siempre basado en un motivo oculto y puede ser dañino.

La naturaleza de la verdad

La verdad es rara vez conveniente.

Solamente puedes tener fe EN TU propio cuerpo y mente, no en la imagen de nadie más, también ten fe en Dios. El es la verdad. La fe en Dios es fe en la verdad. Por eso es que todos debemos intentar y ser guiados por él. Por medio de experimentar la verdad, experimentamos a Dios.

La moral dicta el error y lo correcto, el negro y blanco. Lo correcto está asociado con la verdad. Lo errado con mentiras y manipulación. La verdad es singular, no plural. No es dependiente de la memoria individual o percepción pero sí de la guía de nuestro espíritu interno. No puedes abusar de la verdad para apoyar tu propia percepción eso es absolutamente equivocado, aunque tenemos una elección. La verdad es más grande que una disputa y una discusión. La verdad es lo que en verdad sucede y lo que Dios observa. El nos dice, cuando intentamos y escuchamos, en nuestros corazones. Podemos sentir y conocer la verdad cuando la experimentamos. Este es el propósito divino de nuestras vidas. La verdad es divina, perfecta. Es de Dios. Resuena a través de todos nosotros y a través de nuestro universo de vuelta a él. Literalmente timbra la verdad dentro de nosotros. Pues él está en nosotros.

No es suficiente pensar la verdad tienes que sentirla.

La verdad no puede ser explicada o medida por análisis frío, solamente por experiencia personal; no puede reducirse a perspectiva.

Es a la vez individual y común para todos, y así es un valor eterno, las expresiones "no existe la verdad", o " cada quién tiene su propia verdad", son falacias y manipulaciones. La verdad tiene su propia resonancia la cual como criaturas del universo todos podemos sentir (resonando).

───────────────────────────────

El reconocimiento de la verdad destruye el mal (potencial).

Si has experimentado la verdad, has experimentado a Dios.

¿Es deseable ser un buen mentiroso?

Mentir interrumpe la realidad (evasión de la realidad). Es una técnica para ser nuestro propio Dios. Cuando mentimos creamos algo que entonces más adelante debemos defender, mantener y apuntalar una realidad alterna frente a otras personalidades.

Nos detiene de avanzar y reaccionar en armonía con los eventos de la realidad (el mundo en el que vivimos). También lleva a los receptores de nuestras propias mentiras dentro de nuestro mundo falsamente creado y los previene de actuar adecuadamente o de aprender de los eventos en el mundo también. Es un pecado en contra de nosotros mismos y ellos y un intento de hacer triunfar al ego por sobre la verdad. Es una defensa intentada contra el cambio y la adaptación.

Las leyes del reflejo indican que las mentiras pueden ser detectadas. Los ojos son siempre las ventanas del alma. La mente es un espejo reflejando el mundo y a nosotros dentro de él. No podemos esconder la verdad de aquellos hacia quienes somos receptivos a ella y hemos determinado vivir en ella.

Una mentira es una experiencia falsificada e inventada, una historia que nunca se llevó a cabo y por lo tanto no posee verdad que pueda aprenderse de ella pues es una negación de una experiencia verdadera para nosotros y los demás. Puede convertirse un recuerdo falso si es perpetuada lo cual es problemático.

Una mentira no ha sido vivida, solamente imaginada por un ser y que ha sido completamente entrelazada por los límites de su ego y consecuente imaginación . La verdad solo puede ser experimentada al vivirla.

Existe de hecho una verdad singular, todos los humanos resuenan con esta a un nivel espiritual y se mueven en relación a ella. No es de la forma contraria - que es- un hombre y muchas verdades pues entonces no habría necesidad de conducta moral y por lo tanto no habría avance espiritual. Ni es una nueva perspectiva sobre una mala elección moral, la cual te permite seguir haciéndolo con justificación a pesar de que es malo para ti y posiblemente otros, especialmente si te aman. Esas elecciones o tendencias más bien deben ser erradicadas por medio de nuevos hábitos y formación de reacción así como descartar las malas, Transformación y reemplazo en lugar de una nueva perspectiva.

Cuando te mueves en relación con alguien tienes un compromiso, no una experiencia. Decir que es una "experiencia" permite que moralmente te conviertas en un observador separado y por lo tanto separado de tus propias responsabilidades morales hacia esa relación. Puedes tener una "experiencia" con un objeto, pero entre dos personas (personalidades) siempre existe una relación y por lo tanto sentimientos y consecuentes responsabilidades.

El pensamiento cambia al sentimiento y el sentimiento cambia a la acción-conceptualmente, y en verdad. Piensa en algo, obsérvalo y reconócelo como una verdad, siéntelo como verdad y llévalo a cabo como una verdad en el mundo.

Si buscas la verdad buscas a Dios.

Nunca aceptes algo como verdadero hasta que lo hayas experimentado como tal, pero si lo oyes y lo sabes, nunca lo ignores, sin importar su procedencia.

La causa es justamente tanto la verdad como el efecto.

Si vives en tiempos de adversidad, te volverás mucho más sensible a la verdad, es fácil adaptarte a los buenos tiempos, pero las dificultades forjan voluntades fuertes y percepciones más agudas.

Existe mucha maldad en el mundo, ya que tenemos libre albedrío, mas la justicia divina es lenta pero segura. Hay consecuencias naturales a perpetuar iniquidad y la verdad, al final no puede ser escondida.

Nadie carece de poder, todos tenemos el poder de actuar en la verdad y emancipar a otros de la ilusión y falsedad. Si actúas en la verdad, estás representando a Dios.

Porque Dios es la verdad, él también es la constante.

Como debemos ser humildes frente a Dios debemos ser humildes frente a la verdad y también frente a otros, así Dios y por lo tanto la verdad está en todos nosotros.

La verdad es el poder final.

Artes marciales como relaciones.

No puedes desafiar a un oponente de forma efectiva con odio. Así como todos sentimos la verdad, el enojo digno es una fuerza mucho más efectiva pues lleva consigo un sentido de juicio divino y amor. Si odias no puedes entender a tu oponente como el amor proviene de la comprensión, no del odio.

El odio proviene de una negativa a entender.

Así que si odias no has comprendido a tu oponente y así peleas dentro de ti mismo y nunca de verdad lo derrotarás, si lo vences te va a temer pero no a respetar.

———————————————————————

El llanto del guerrero en la batalla después de asesinar un oponente es una negación de lo que acaba de hacer.

En las artes marciales, la acción sigue a la respiración.

Siempre trata a múltiples oponentes como un solo enemigo como si fueran una sola mente a herirte y así derrota al líder, entonces derrotarás al grupo.

En combate, o en cualquier esfuerzo, siempre existirá alguien mejor porque cada persona piensa diferente.

Si alguien piensa más profundamente será mejor.

Combatir es pensamiento, revela la forma en que

piensas, revela tu personalidad, refleja tu emoción

dominante y tu cercanía a la vida y relaciones.

Cuando estás combatiendo no existe escondite,

cualesquiera que sean tus habilidades usarás aquellas

que reflejen la persona que eres.

Cuando consideramos que al combatir monstruos

debes de tener cuidado de que como resultado de ello

no te conviertas en un monstruo tu mismo, debemos

añadir a ello, "o inventar monstruos para combatir

cuando no hay nadie alrededor". Cuando temes al

violento, es tu propia conciencia de la violencia

similar en ti mismo lo que te asusta.

Una espada no es un arma por sí misma.

El poder de verdad es aquel que requiere sobre control consciente, un adolescente estando enojado está enfocado internamente. Un golpe con poder físico contraído que se siente poderoso para el que lo da, se siente débil para el que lo recibe, aunque a menudo un golpe realmente externo- COMPLETAMENTE externo sin el que lo da "aguantándose" para sentir su propio poder por medio del ego, es absolutamente poderoso pues has entregado todo de ti mismo, fuera de ti mismo.

No existe tal cosa como ataque y defensa, en lo que se refiere a un juicio moral. Solamente existe acción y reacción.

Un espíritu duro es más deseable en combate que unas manos duras, las manos duras pueden ser rotas en contra de tu voluntad, pero tu espíritu no puede.

El arte marcial es solo tan efectivo como el artista que lo usa.

Cuando combates con alguien, debido a la velocidad no hay forma de esconder tu verdadero ser todo es reacción genuina.

Combatir es visualización, en la mente y entonces desempeñado con el cuerpo y espíritu.

Cuando combatimos estamos combatiendo por encontrar la verdad acerca de nosotros mismos. Es una actividad reflejante, como cualquier encuentro entre dos personalidades.

El golpe es solo la conexión, la energía transmitida más tarde por medio de la conexión hecha es el daño, el movimiento del chi, y el propósito controla la energía.

El combate es el espíritu enfocado, así como lo es una relación de la personalidad la cual mayor entendimiento de uno mismo en diferentes niveles a lo largo del tiempo.

El propósito de derrotar es aprender. El Sepuk (forma de suicidio del samurai sin honor) es una auto derrota posterior porque permite a la persona implicada escapar del proceso de aprendizaje y no enfrentar y conquistar su ego.

Las artes marciales no son necesariamente un pasatiempo brutal. Como terapia física para exponer problemas emocionales como una falta de confianza en sí mismo o un exceso de agresividad puede ser invaluable pues al entrenar no puedes esconder tu respuesta sincera y esas respuestas físicas se manifiestan automáticamente.

Como estas respuestas emergen desde lo físico hasta lo emocional, como fueron aprendidas al ser niños, así pueden ser sanadas utilizando el mismo proceso.

Debes cambiar el propósito del entrenamiento para hacer esto.

Esto funciona ya que el combate es una actividad reflectiva como cualquier encuentro entre dos personalidades lo es.

Es bastante difícil ganar una discusión cuando sabes que estás en el error, deja en paz la pelea. A menos que luches a ciegas.

El cristianismo de verdad te refuerza y concentra tu poder a través de disciplina. Tu carácter se vuelve poderoso y enfocado, no débil y disparatado.

En la vida te vuelves como el artista marcial avanzado rompiendo rocas con sus manos.

Por medio de la adaptación y enfoque, conquistas a la vida.

El resto

Tenemos espíritu, pero también tenemos una mente, la ciencia en la forma que funciona nuestra mente es muy exacta. La espiritualidad no transmite una total negación de los aspectos psicológicos negativos necesariamente. A menudo nos sanamos por medio de tener contacto con otros. La voluntad de Dios a menudo nos requiere que tomemos medidas para curarnos a nosotros mismos antes de que él se digne a hacerlo por nosotros. De nuevo, de esa manera aprendemos y posteriormente vemos que somos capaces de conquistarnos a nosotros mismos.

Tu mente es un filtro entre tu espíritu y el mundo el cual funciona en ambas formas. La mente es material, el espíritu no lo es. Aunque ambos son creados por Dios.

La respiración, la relajación y las técnicas para mantener el cuerpo en forma no son necesariamente "malvados" y es ridículo asumirlo así.

El mundo quiere que vivas de consumir una cosa tras otra, que dependas de estas cosas para tu propia felicidad y la de tu familia.

Siempre toma tiempo para estar agradecido y apreciativo de lo que ya tienes en lugar de enfocarte solamente en obtener algo más.

El "nacer de nuevo" puede entenderse como el punto en el cual los valores espirituales se vuelven más importantes que los materiales.

Para que una filosofía funcione en la práctica debe haber lugar para la expansión.

No puedes inspirar respeto por medio del miedo.

El hipnotismo encubre el efecto pero no erradica la causa.

Un placebo es el enfoque de la mente a través del que sana.

El hombre se contradice, Dios no.

Todos tenemos algo único que dar a este mundo.

El respeto lleva al amor, el temor lleva al odio.

Alguien que tiene problemas para imaginar un ser superior tiene una cabeza demasiado pequeña para contenerlo y un ego muy grande para admitirlo. Debes tener la habilidad de colocar tu entendimiento fuera de ti mismo . Si no puedes colocar tu entendimiento fuera de ti mismo no puedes entender a otros por completo.

Ten cuidado de cualquiera que tenga pretensiones de ser perfecto, son los más peligrosos de todos- se están mintiendo a sí mismos y a ti. Si deseas educar muestra humildad frente a los que se te acercan. Tales maestros espirituales deberían querer que seas tan feliz como TU puedes serlo, no tan feliz como ELLOS lo son.

Nunca es demasiado tarde para dar el paso adecuado. Aunque puede ser uno diferente debido a las circunstancias, aún será en la misma dirección correcta.

Todos debemos partir desde donde nos encontramos. Ordinariamente no podemos dar vuelta atrás al reloj y seguir. Tampoco podemos vivir en el pasado o el futuro. De cualquier forma, el perdón verdadero, ya sea para otros o para nosotros mismos, provee un inicio fresco, y junto con la intuición, también uno informado.

En lugar de solo avanzar y no mirar atrás, el perdón de verdad nos permite cambiar de dirección.

Perdonar a otra gente es difícil de aplicar algunas veces pues significa admitir tu propia culpa en la situación la cual algunas veces la gente la manipula por medio de dramas profundamente asentados para controlar que no quieren reconocer.

Las emociones son variables, el cuerpo es constante, y el espíritu es eterno.

La filosofía debería ser una búsqueda seria y sincera de la verdad para todo, no un ejercicio de acrobacias intelectuales y /o una autocomplacencia del ego. No es una competencia de inteligencias.

Los valores espirituales no pueden ser cuantificados por el sistema material de lógica. La ciencia no puede evaluar la naturaleza de Dios como no puede ni siquiera evaluar la conciencia humana, mucho menos un ser más grande que nosotros mismos. Es simplemente un sistema para comprender el mundo desde un punto material.

Como un padre amoroso lo hace, Dios nos otorga los medios (fuerza, coraje, sabiduría etc.) para resolver nuestros propios problemas en lugar de arreglarlos por nosotros.

Mira hacia lo duradero y lo experimentado para encontrar sabiduría. Aquellos quienes han pasado por lo más hondo y profundo en la vida.

Los actos de servicio a otros pronto te distraen de tus propios problemas. Permitiéndote entonces verlos más objetivamente y así resolverlos más claramente.

Dios nos otorga talentos y actividades que amamos para informarnos la dirección en que él desea que dirijamos nuestra vida.

El poder de verdad no te hace sentir PODEROSO, te hace sentir LIBRE.

Sabiduria es saber cuándo permanecer fuerte y cuando inclinarte y fluir con la presión. Debería ser reflejada en las elecciones que hagas para ti mismo tanto como en tus consejos a otros. De las más atroces experiencias puede llegar la sabiduría más experimentada, si aprendemos.

Las cosas NO son realmente siempre lo que parecen. Siéntete satisfecho con tu propia vida. Sé creativo dentro de los límites de ti mismo y así llega a conocerte a ti mismo. No intentes vivir la vida de alguien más o intentes ser alguien que no eres. Tampoco seas suficientemente arrogante para presumir saber el nivel real de felicidad de alguien más y por lo tanto te vuelvas envidioso de algo que ellos no poseen en realidad.

La severidad de los problemas es puramente medido en la forma en que lidies con ellos.

La obsesión viene por medio de intentar controlar lo que se encuentra fuera de tu propio poder de control.

Si el malvado tiene un plan ese es hacer adictos y atontados a los hombres por medio de placeres de corto plazo y poder no merecido. Atraer a los hombres lejos de las metas espirituales y hacia los deseos del ego.

Hacer a los hombres creer que la única salida de los problemas del mundo material es adentrarse más en ellos. Nuestras depresiones, nuestras tristezas.

Pero estas tienen una base espiritual así que solamente pueden ser curadas al sujetarse a valores espirituales y romper el círculo del materialismo. Ese es el plan de Dios.

La gran fuerza del Islam es una estructura estricta y la potencialización de los hombres.

Vivir es cometer errores, para aprender.

Un derroche de poder positivo (por ejemplo) un monje influyendo y dando forma a copos de nieve y cristales no es semejante a la amabilidad de verdad. No alimenta ni cobija o aconseja efectivamente a una persona en verdadera necesidad. Es solo ambiente, energético y ascético por naturaleza.

El poder espiritual de verdad es socializado, orientado al servicio, expresado en términos de otros, no solo personalizado y místico.

Somos seres gregarios puesto que:

Todos reflejamos uno al otro y así necesitamos a otros para definirnos a nosotros mismos.

Todos contenemos la chispa divina.

Nuestro camino espiritual es efectivamente nulo si no es socializado.

Debido al reflejo, necesitamos de otros como punto de referencia para contextualizarnos a nosotros mismos para exponer y reparar nuestras neurosis.

Ten cuidado de lo que elegirías creer para ajustarse a tu propio ego.

Para ser un artista efectivo, incluye tu propósito a través de tu instrumento/ medio, entonces deja a OTROS juzgar tu trabajo.

La diferencia entre áreas grises y absolutos es el paso del tiempo.

En lugar de demostrar una pieza de tecnología o puramente alguna habilidad con algún objeto que poseas, siempre demuestra una virtud que poseas- por ejemplo paciencia, amabilidad- que sea del reino de Dios, del otro mundo, una posesión espiritual que puedas llevar contigo y usarla dondequiera sin depender en nada o nadie más.

La gente puede poseer habilidades especiales en otras áreas pero no es guía hacia su nivel de sinceridad o bondad.

NMP (no mirar los problemas) como herramienta de auto escape en contra de situaciones tiene usos limitados; todos los problemas deben de ser lidiados en su totalidad tarde o temprano.

Las religiones militantes atraen adeptos por medio de la tradición, estructura y empoderamiento.

Mantras y cantos son solamente una forma de enfocar un cierto nivel de la mente de forma que pensamientos y despertares pueden ser vistos, experimentados. Es como cerrar tus ojos y todos tus otros sentidos se agudizan. Es una técnica positiva de distracción.

Si tienes un centro, todo se arregla a si mismo naturalmente alrededor de eso. Mantener una moral adecuada y un centro espiritual en la vida es por lo tanto fundamental para el éxito.

En las relaciones, errar de una a otra es un desbalance consistente. Deberías balancearte a ti mismo entre ellas para asegurarte que puedes con el peso extra de una. Debes ser RELATIVAMENTE equilibrado en ti mismo con la verdad antes de que puedas equilibrarte con otro.

Estar en tu mejor punto bajo presión se trata de no tener tiempo para pensar, reaccionar revelando la propia fuerza de tu personalidad con ninguna de las inseguridades que normalmente pueden darse.

La entrada inicial al reino para seguir a Dios está basada en el intento, no en el logro, el intento de encontrar a Dios.

Nunca es debilidad el seguir a Dios, o en otras palabras intentar la perfección. Dios es la medida de

la perfección. Cristo es la medida de la perfección.
Cristo es una inspiración en tu vida. Cuando tienes
más adversidad en tu vida que nada, no puedes evitar
sino buscar verdades más altas y profundas como
respuesta a tus preguntas.

Dios fluye de lo malo si se lo permites.

Cuando te sientes sin poder lo mejor de todo es que
entonces tus preocupaciones y problemas están en las
manos de Dios y él está definitivamente más
equipado para lidiar con ellos de lo que tú estás.
Literalmente.

Cada uno de nosotros debemos servir a algo más grande. El hombre busca valores más altos y formas de mejorar su experiencia de vida y crea a Dios si no está ya ahí. Este "Dios" puede ser dinero, poder, fama, ateísmo (adoración del ser y ego y oposición a una fuerza más elevada, celebridad etc.).

Todos nosotros crecemos hacia el espíritu no de regreso dentro de más estados materiales; el mundo material es temporal y atado por lo físico- espacio y tiempo. El cuerpo es un vehículo del que cuidar, pero no la meta final; es el medio para un fin, no el fin en sí mismo.

Inteligencia emocional:	Inteligencia académica:
Reactiva-muy rápida/ Inconsciente	Cognitiva-lenta y analítica
Sustractiva- puramente toma de una situación inmediata	Aditiva- peligro de agregarse a la situación debido a la influencia del ego
Adaptiva	Rígida/ estructurada
	Abstractiva-alternativas
	Objetiva-capaz de retroceder un paso.

¿Es una de estas más lenta que la otra? Si así es,

¿cuál llega primero? ¿Una persona con mayor I. E.

tiene un carácter más impulsivo? ¿Una sigue tras la

otra? ¿Son diferentes aspectos de la misma cosa?

La mente es la energética pero aún materialmente-

confinada producto de las actividades electro-

químicas del cuerpo y es el mecanismo por el cual el

espíritu humano hace contacto con el mundo. La

mente produce elecciones y el espíritu elige. El

espíritu siendo "tú".

La tecnología que creamos refleja las funciones de la

mente humana la cual es como una computadora, que

puede tomar fotografías, grabar películas, grabar

audio y reproducirlo en nuestra memoria.

No tenemos todos que pasar por los mismos niveles
para alcanzar el mismo sitio.

Infinitas variedades de dones de personalidad,
capacidad para decisión de la voluntad, elección
moral y propósito todo afecta el progreso de cada
mortal por medio de niveles de logro espiritual.

La gloria de Dios- la más directa manifestación de lo
que es la existencia del amor dentro de la raza
humana. Todos tenemos residiendo dentro a Dios;
esta es su bendición, su divina y perfecta guía dentro
de nosotros.

No juzgues a nadie basado solo en su sistema de creencias. Recuerda que son un trabajo de personalidad imperfecto en progreso justo como tú lo eres, así como un representante de una estructura de fe.

La fe es esperanza realizada.

Lo más difícil de encontrar en este mundo es la consistencia/ constancia.

Lo malvado de la magia es que en lugar de comprometerte a ti mismo y estar deseoso de cambiar, es un intento de comprometer al mundo a tu propia voluntad de forma que te quedes estático/sin cambio.

Las razones por las que piensas que le agradas a la gente pueden no ser las mismas que ellos piensan.

Una imaginación envuelve las posibilidades del universo de las que nació.

No existe tal cosa como un mentiroso consistente; los mentirosos deben mezclar la verdad con la mentira para ser efectivos.

El blanco y el negro ambos contienen todos los colores.

El único propósito de la experiencia humana es extrapolar el sentido espiritual y su significancia de ella. El aprender es espiritual. El tiempo es la herramienta para el aprendizaje.

Ya sea que la experiencia sea buena o mala el beneficio espiritual podría no ser completamente recíproco. De hecho la "bendición" derivada es usualmente opuesta ya sea que la experiencia sea feliz e inmediatamente disfrutable.

Si dependes del comportamiento de otro para tu felicidad, siempre buscarás el control y nunca aprenderás a controlarte a ti mismo.

Date cuenta de que eres humano, y si no cometes errores nunca aprenderás. El cometer errores es un sistema de aprendizaje. Trata de no cometer el mismo error dos veces.

"La experiencia" se ha convertido una insidiosa excusa para justificar mal comportamiento, minando la moral.

Dios juzga al observar la INTENCION, el hombre juzga al observar la ELECCION.

Solo porque es una opinión popular no significa que sea correcta.

La civilización ha convertido un final de sí misma en lugar del medio para alcanzarlo.

Las imperfecciones, no las perfecciones son lo que nos atan al amor.

La reacción inversa de nuestra propia reacción natural es a menudo lo que se necesita.

La gente es solo inspirada por la intención de otra. La fuerza de la personalidad es constrictiva no expansiva- (culto de la personalidad, poder, y control).

Se interesado en lo que sientes, no en lo que piense la gente.

Un maestro no enseña sus propios errores pero favorece tu propia técnica perfeccionada.

El mundo no es uniforme ni rígido pero irregular y responsivo, así que no hay aprendizaje perfecto o sistemas operando. Solo buenas herramientas para manufacturar un sistema personal. Debes de nuevo, adaptarte.

La adopción de proyectar una imagen falsa de fragancia social y constante capacidad de paz está enraizada en la violación de la propia imagen y consecuente constante control absoluto. La gente se doblega a sí misma por aceptación social a coste de su camino interno. Es un intento de individualizar, aislar y estandarizar. La arrogancia y la falta de humildad rige este tipo creado de mundo mercantilizado. La gente consume más para mantenerse a los ojos de sus amigos como un estatus quo anunciado. Solamente viven externamente para su propia imagen e internamente por medio de una falta de contacto emocional real con otros.

La intención es el concepto más importante y poderoso en este mundo, es la manera en que somos divinamente juzgados, es a través de la intención que podemos influenciar y formar y crear el mundo y a nosotros mismos. La intención es poderosa. La intención con intento es aún más poderosa.

Ser solitario es completamente diferente de la soledad; podemos sentirnos solitarios pero no solos, si solo está en soledad.

La defensa es tan buena herramienta como la victoria.

(Mejor de hecho para el aprendizaje).

Enfatizar en el individuo a expensas de la comunidad es malvado. (enfatizar en la comunidad a expensas del individuo también es malvado).

No puedes vivir y entender verdaderamente a través de observación objetiva y evasión de experiencia, el único punto de referencia que tienes entonces es tu propio ego (Budismo etc.).

Aprende a tomar tu propio consejo, practica lo que predicas.

Para ser una persona efectiva uno debe ser capaz de operar como un todo, y parte de un todo.

Gran arte es producido en nombre de la humanidad no en nombre del autor.

La felicidad es ser feliz con el camino en el que estás.

No puedes sinceramente conocerte a ti mismo

excepto a través de otros, nos reflejamos uno al otro.

El racismo conlleva una suposición de ambos malos

ancestros y una creencia en un tipo de reencarnación

, en la que una persona puede ser hecha el punto

focal o destilar todas las acciones negativas de sus

ancestros, y hacer chivos expiatorios de ellos, aunque

él mismo puede ser inocente. Es una baja forma de

juicio que disminuye la chispa divina dentro de la

víctima y no solo lo denigra como menos que

humano, pero menos que lo que Dios le ha

concedido, por lo tanto es un crimen en contra de

Dios.

La comprensión es el fundamento y primer dogma del amor.

———————————————————————

Mientras la arrogancia se incrementa, la sabiduría se disminuye.

———————————————————————

La sabiduría no te puede ayudar a menos que actúes en concordancia con ella.

———————————————————————

Nada del ser muere, el cambio no mata partes del ser, solamente los balancea diferentemente.

———————————————————————

La razón por la que Cristo no tuvo hijos es porque cualquier hombre puede tenerlos, pero Jesús era el hijo de Dios encarnado, no hombre encarnado, así que sus genes no llevarían su "divinidad" necesariamente, lo cual nos deja la pregunta de ¿ Por qué no tuvo hijos? Porque no habría sido capaz como hijo de Dios y padre perfecto, de ser un padre perfecto física y espiritualmente de algún niño mortal en un ambiente imperfecto, y también el hecho de que sus niños serían vistos como divinos aun cuando no lo fueran, y un hombre- dios con hijos necesitaría enseñar lecciones más allá de lo que el mundo está listo en su tiempo. También si Jesús sabía que iba a morir pronto, ¿Por qué tendría hijos? Parece ligeramente irresponsable.

La respuesta siempre yace en lo opuesto. Dentro de tu debilidad yace tu fuerza, dentro de tu fuerza yace tu debilidad.

¿Pueden las respuestas ser encontradas en la opinión popular o una específicamente académica?, lo cual es decir ¿Es tu creencia en esto la verdad o solo tu tendencia?

Tener un punto de vista alterno es a menudo más acerca del ego que de las creencias reales de esa persona. Volar en el rostro de una voluntad fuerte convencional traza una línea de comparación que la gente a menudo capitaliza ya sea que sea buena para ellos o no.

Así como no es bueno ser totalmente rechazador de todos los conceptos y situaciones, tampoco lo es y puede ser igual de dañino ser totalmente aceptador.

¿Preferirías confiar en alguien que ha cometido errores y aprendido el camino correcto de las consecuencias o en alguien que aún tiene que errar?

Las mentiras y engaños crean fricción y encienden nuevas pero ilusorias relaciones, este comportamiento es infeccioso, y ¿podrían no ser diseminadas honestidad y paciencia en su lugar?

Los post modernistas a menudo solo son otros con absolutismo mientras se juzgan a sí mismos con "sombras grises" o una política de "verdad propia".

Dios conoce el final y nos muestra el inicio.

¿Se volverá la vida más y más conveniente o los valores viejos cumplirán su ciclo y se reinventarán a sí mismos?

Siempre busca por los mansos, ellos no tienen nada que perder más que a ellos y así tienen poco que perder mientras que la mayoría de la gente posee mucha menos compasión que ellos y mucho más miedo de perder su propio estatus.

La gente honesta provee las bases para irreverente e irónica/sarcástica comedia; son la raíz de la vida.

La diferencia entre un científico y un sacerdote es: El científico no puede ver más allá de su propia nariz y el sacerdote no se da cuenta de que tiene una.

La moda puede ser entendida como un intento por pre-llevar el juicio de otros hacia uno mismo.

El concepto de karma es un método de juicio.

Los Cristianos comparten a Dios y los Budistas comparten un pensamiento. ¿Está el oeste tan enamorado de Dios porque Jesús estaba en el Oriente Medio? ¿Y viceversa?

―――――――――――――――――――――

Acepta un nivel de conocimiento; nadie sabe la verdad completa. Decir que sabes lo que está pasando en la guerra de Irak es como decir que sabes lo que sucede en una casa de la calle.

―――――――――――――――――――――

El periodismo es un mecanismo. Lo mismo que la ley, los periodistas son abogados.

―――――――――――――――――――――

Todos estamos aprendiendo las mismas lecciones todo el tiempo.

―――――――――――――――――――――

La inspiración Budista es impersonal, la inspiración Cristiana es personal. Por ejemplo, ¿Puede un Budista ser un mártir?

Las partículas no son tendencias son intenciones, o quizás tendencias que deben ser movidas y establecidas, dadas propósito en la realidad por la intención.

La física cuántica es en parte ciencia y en parte religión.

El observador en la ciencia, es participante en la religión.

El mal está basado en lo obvio; no es de recursos profundos.

El conocimiento no puede serte quitado, una vez que lo tienes, forma parte de ti, siempre lo poseerás, especialmente si lo has sentido por medio de la experiencia, entonces se vuelve verdad y por lo tanto sabiduría.

Siempre estamos en nuestro mejor momento cuando vivimos bajo opresión (límites bajo los cuales crecer).

Deja a Dios ser responsable de tu propio poder, entonces nunca estarás asustado de perderlo. Dios lo otorga cuando es necesario.

No hay sombras de gris; solo opciones ante que elegir. Las elecciones son absolutas, hacerlo o no. Una vez que has hecho una elección, la has hecho, se ha convertido en un absoluto, y es parte de la historia.

Verdadera y Falsa Libertad," Blanco y Negro"- "sombras grises"

El mundo físico tiene sus reglas, como tiene la psicología de los humanos. La mente humana necesita puntos de referencia para funcionar, como triangulación en un mapa al formar opiniones y límites. Otra gente puede crear importantes puntos de referencia. Imagina como sería el mundo si solo existieras tú. Necesitamos contacto humano para definirnos a nosotros mismos y darnos contexto propio. El concepto de vivir en una anarquía basada en " crear tus propias reglas, amoral, no existe blanco y negro, solo grises" lleva al abuso psicológico y manipulación, en lugar de sombras de gris , solo sombras de blanco y negro. Finalmente solo existe una elección en realidad ya sea A o B. Así que el elegir requiere blanco y negro. Hacer esto o lo otro. Hacerlo o no.

La creatividad dentro de un sistema sin límites es menos creativa pues no hay puntos de referencia. También es una falacia ya que el artista por virtud de su propia experiencia ya tiene limitaciones; también está limitado por aquellos de su propia personalidad y su medio. Tan pronto como una pieza se completa se cristaliza como un estilo y entonces por influencia finalmente un movimiento, por el cual es categorizado, más adelante escapa de categorías y la asociación es imposible pues es la manera en que la realidad trabaja por nuestras percepciones.

Solamente puedes ser verdaderamente poderoso cuando no puedes sentir tu propio poder- cuando es extendido dentro del mundo. Cuando estás "en" él y puedes sentirlo, nadie más puede a menos que encuentres el balance perfecto y el poder resuene entre tú y el mundo. Gente deseando sentirse poderosa a menudo se despojan a sí mismos del poder de verdad debido a su ego el cual los ciega al efecto (a menudo auto destructivo) que tienen sobre el mundo y la gente a su alrededor. La gran batalla de cada humano es el espíritu en contra del ego.

Solamente puedes de verdad ganar poder al renunciar a él.

El mundo es un espejo que te refleja.

Debes tener un sentido del ser antes de proyectarte a ti mismo.

Si deseas un buen consejo, pregunta a alguien que ya se haya enfrentado a la situación.

La experiencia es el mejor maestro.

Un gran ego es bueno cuando te sirve bien pero puede ser desastroso cuando no lo hace. El ego no busca adaptarse. La arrogancia busca controlarnos y doblegarnos a su voluntad.

El dinero no puede amarte.

En las relaciones humanas, debes estar con alguien que saque lo mejor de ti y viceversa. Alguien que comparta sus planes.

De cualquier manera, esto no significa necesariamente alguien con quien solo compartas buenos momentos.

Lo mejor de ti mismo son los valores espirituales.

Para manifestarlos debes primero que nada compartir la verdad mutuamente lo cual a veces requiere conflicto. Compartir la verdad y la honestidad y el respeto produce entendimiento verdadero el cual lleva a verdadero amor duradero.

No es acerca de tu ego teniendo un paseo gratis.

Las relaciones de fe a menudo duran más pues
comparten planes, comparten moral, comparten un
propósito, comparten creencias.

El amor y la obediencia son dos cosas diferentes. El
amor no esclaviza.

No tiene que existir un cielo o un infierno cuando
dejamos este mundo así como la ley de dualidad no
tiene que existir fuera de nuestra realidad temporal.

Recuerda: esto es él porque el infierno no tiene
porque existir. Como el diablo no es el igual de Dios,
así que en el mundo espiritual no hay
necesariamente una reacción igual u opuesta a una
fuerza como en el material. La física elemental no

aplica al espíritu.

¿Es la sexualidad humana mutable? O ¿puede

cambiar? O ¿ es absoluta y arreglada?

La única inversión personal que vale la pena es en

habilidades y valores.

El tiempo solo es relevante en experiencia cuando

aplica a la mente humana.

El comportamiento sexualmente adictivo es malo

pues es materialmente y sexualmente obsesivo y por

lo tanto retarda el progreso espiritual, manteniendo

las elecciones atadas al instinto animal y el plano material.

Durante el sexo casual, las perversiones reemplazan al amor. Lo que a una persona le gusta mecánicamente es como empieza, entonces las técnicas de evasión emocional como dominación y sumisión.

¿Preferirías estar con alguien que es constante y de fiar o alguien que es inconstante y pide por sus propias emociones? La persona que tiene un sistema de creencias tiene un marco de conciencia en lugar de uno solo basado en el estado de ánimo.

El Cristianismo es una religión destructora y entonces constructora. Una decisión material que niega la espiritual puede quitar el espíritu de su curso.

"Lo que sea que suceda será" (fatalismo) tiende a pasar por alto el libre albedrío.

La traición comienza en la mente; el sexo con una tercera parte es siempre bueno cuando ya estás conectado con alguien más pero muy erróneo. Le roba al propio compañero su energía y fuerza de vida.

Lo que una tercera parte es después en esa situación es el amor que te ha sido dado por alguien más, no tú como tú mismo.

La gente tiene sus propios planes; Dios está solamente tras lo que es mejor para ti.

No puedes entrar sin reconocer la salida. (Dios es ambos y una fuerza independiente, externa e interna).

El panteísmo te da libertad de elección de corto plazo y poder el cual eventualmente atrapa al espíritu en donde la creencia Cristiana da poder a largo plazo con quizás poca ganancia material directa en nuestro mundo temporal.

La adicción al caos es una distracción y un hábito el cual evita la inacción y el enfrentar al Ser.

La ansiedad es un subproducto del miedo y la tranquilidad es un subproducto del amor.

Las religiones orientales- Budismo/Induísmo etc. Ofrecen una nueva perspectiva en lo que uno está haciendo con su vida.

Mucha gente prefiere un sistema de creencias que ofrezca posición y estatus. Muchas veces en un intento por atraer seguidores un sistema de creencias establecerá que un individuo tiene poderes especiales. El poder que no necesita ser ganado es una estampa muy seductora para alguien que está en búsqueda. No hay necesidad de ser humilde .

Por ejemplo, médiums en la iglesia espiritista. Sanadores de fe.

(Algunos también en la iglesia Cristiana).

Muchas mujeres se vuelven Wiccans para adorar a lo femenino.

No tenemos todos que pasar por los mismos niveles para llegar al mismo lugar. Todos somos diferentes y

algunas cualidades inherentes nos permiten pasar
algunos problemas fácilmente.

El dejar ir no es dejar ir objetos o posesiones es dejar
ir miedos y control.

Las posesiones materiales son solo una
manifestación de actitud errónea.

La gente que no cree en Dios puede culparlo cuando
algo va mal de todas formas.

Justamente como gente que no cree en él se vuelve a
él en tiempos de problemas.

No magnifiques constantemente lo negativo en otros
al llevar la atención hacia ello.

Ninguna escritura sagrada es infalible. No puedes
ajustar a Dios a un libro. Solo es un acercamiento a
él. Dios debe ser experimentado.

La auto-convicción es lo único que funciona para
cambiarte. La convicción por otros no.

En la ausencia de Dios la auto-adoración puede
suceder.

La paciencia, resistencia, amor, no puedes tocarlos pero son una realidad. Una realidad en el espíritu. La gente posee valores & atributos justo como tienen posesiones que no puedes tocar.

Solamente tienes que darte cuenta de que las reconozcas con tu espíritu en lugar de con tus manos.

El perdón nos permite avanzar y seguir adaptándonos, seguir cambiando.

Ser rencorosos nos hace incapaces de seguir y nos mantiene estáticos.

Dios puede salvarte, no importa que bajo hayas caído o fallado. Pero debes intentar salvarte a ti mismo y debes TRATAR.

Cuando has "nacido de nuevo" empiezas de nuevo como un niño. Debes aprender a vivir de acuerdo al plan que tiene Dios para ti, no el propio, de cualquier forma no existe mejor personalidad para ser responsable de las consecuencias de las decisiones en tu vida la de un ser más alto que todo lo ve y todo lo sabe con el que te puedes comunicar a un nivel personal.

La naturaleza física de una persona es solamente de importancia de corto plazo en una relación.

Hay un tú definido el cual es tu espíritu. Tu mente es una posesión. Una interfaz con el mundo.

No puedes jamás ver el efecto completo de tus propias obras.

Este es el final de la jornada de mi libro, gracias por leerlo y espero que hayas recibido algo por hacerlo, ya sea que haya sido un reto, una revelación o solamente entretenimiento.

Pero sobre todo este libro fue escrito para promover la VERDAD en el lector.

Que sean bendecidos todos, quienes quiera que sean y donde sea que se encuentren.

Charlie Fox

Otoño del 09

Nottingham

Inglaterra

Estas páginas en blanco son para tus propias notas.

www.ingramcontent.com/pod-product-compliance
Lightning Source LLC
Chambersburg PA
CBHW052005090426
42741CB00008B/1554